Salvo Spedale

COME DEGUSTARE IL VINO
Manuale pratico per imparare passo passo
le tecniche della degustazione del vino

Assovini.it

Presentazione

Storia e passione, territorio e tradizioni, sensazioni ed emozioni: tutto questo c'è in un bicchiere di vino.

Imprevedibile e ricco di sorprese, il vino conquista coloro che cercano di conoscerlo profondamente. E ripaga il loro impegno svelando i lati migliori del suo carattere.

Imparare a degustare significa assaggiare il vino con attenzione, collegare le sensazioni percepite alla sua storia e alla sua evoluzione, esprimere una valutazione condizionata il meno possibile dai gusti personali.

Semplice e lineare, questo manuale fornisce gli strumenti per accedere nel mondo del vino dalla porta principale, interpretando le sensazioni e parlarne con un linguaggio sintetico ma esauriente ed efficace. Sarà l'esperienza personale, la passione e l'approfondimento che permetterà di diventare degustatori esperti e competenti.

Salvo Spedale
Presidente di Assovini
Direttore del Panel Assovini Sommelier
Sommelier AIS (Associazione Italiana Sommelier)

ASSOVINI (Associazione Nazionale Produttori Vinicoli e Turismo del Vino)
www.assovini.it - Il Portale del Vino e delle Cantine
www.assovini.com - Il 1° E-commerce didattico del Vino

Assovini.

INDICE

ANALISI ORGANOLETTICA DEL VINO

- **Esame visivo - Introduzione**
  - Valutazione visiva: cosa si valuta

- **Esame olfattivo - Introduzione**
  - L'olfazione: come arrivano i profumi
  - I profumi
  - La natura dei profumi
  - Le famiglie
  - La valutazione olfattiva: come si esegue
  - La valutazione olfattiva: cosa si valuta
  - Tabella di corrispondenza tra tipologie di vino ed aromi

- **Esame gusto-olfattivo - Introduzione**
  - La lingua
  - La valutazione gustativa: come si esegue
  - La valutazione gustativa: cosa si valuta

CONSIDERAZIONI FINALI

- **Stato evolutivo**

- **Armonia complessiva**

- **Sentori olfattivi del vino**

- **Temperature di servizio del vino**

- **Esempi di Degustazione tecnica del vino**

Assovini.it

ANALISI ORGANOLETTICA DEL VINO

ESAME VISIVO - INTRODUZIONE

L'esame visivo è la prima fase dell'analisi organolettica e fornisce informazioni introduttive che verranno confermate o meno dalle tappe successive, quella olfattiva e quella gustativa.

L'occhio umano è l'organo preposto a questa funzione, e nel caso in cui con l'esame visivo si riscontrino anomalie o alterazioni del vino, si deve interrompere la degustazione.

L'insieme dei colori che formano lo spettro luminoso fornisce luce bianca.

Il colore del vino è dato pertanto dalla capacità di questo liquido di assorbire o riflettere le differenti radiazioni che compongono la luce bianca.

Avremo la sensazione visiva di vino bianco quando questo, colpito da luce bianca, rifletterà solamente le radiazioni che corrispondenti a tonalità ed intensità di giallo.

Avremo la sensazione visiva di vino rosso quando questo, colpito da luce bianca, rifletterà solamente le radiazioni che corrispondenti a tonalità ed intensità di rosso.

VALUTAZIONE VISIVA: COSA SI VALUTA

1. LIMPIDEZZA

Si valuta per stabilire che non siano presenti malattie e alterazioni. Va tenuto conto che i vini invecchiati possano non avere una limpidezza assoluta.

La limpidezza dipende dalla presenza o meno di particelle in sospensione.

La trasparenza di un vino è influenzata dalla quantità di materia colorante presente e rappresenta la capacità di farsi attraversare da raggi luminosi (massima trasparenza ha poca materia colorante, minima trasparenza ha tanta materia).

I gradi di limpidezza sono:

- **Velato:** notevole presenza di particelle in sospensione dovute probabilmente ad alterazioni (casses) o malattie;

- **Abbastanza limpido:** leggerissima velatura dovuta a rifermentazione o lunghi invecchiamenti; fare attenzione a non mescolare troppo prima della mescita;

- **Limpido:** privo di qualsiasi particella; esaminando il vino sopra un testo scritto i contorni delle lettere risultano nitidi;

- **Cristallino:** totalmente privo di particelle in sospensione ma con notevole luminosità. Tipico dei bianchi che vivono di propria luce naturale;

- **Brillante:** cristallino che riflette con vivacità i raggi luminosi. Tipico dei vini frizzanti o spumanti le cui bollicine di CO_2 rifrangono e accrescono la luce naturale

2. COLORE

Il colore di un vino è dato dalla presenza di polifenoli, sostanze che si trovano nelle bucce e nei vinaccioli (vinacce) ma non nella polpa che è invece incolore.

Con la **vinificazione in rosso e in rosato** si usano uve a bacca nera: queste rilasciano sostanze coloranti per 200-500 mg/litro durante la fase di macerazione perché i componenti solidi (vinacce) vengono a contatto con la parte liquida del mosto.

Con la **vinificazione in bianco** si usano uve a bacca bianca oppure nera ma la fermentazione avviene in assenza di vinacce e i vini bianchi ottenuti presentano una colorazione che va da giallo paglierino ad ambrato con materia colorante da 20 a 25 mg/litro.
L'esame del colore si esegue per verificare che non ci siano alterazioni (es.: casses) ma soprattutto che esista corrispondenza di tipologia, cioè che il vino rispetti le caratteristiche presenti per il tipo di vitigno, l'ambiente pedoclimatico, l'età, ecc.

I tre aspetti fondamentali del colore sono:

- **Intensità**: (carico, scuro, cupo, chiaro, pallido, debole), la quantità di materia colorante; dovuta a fattori fissi (ambiente pedoclimatico, microclima, terreno, ecc.) e a fattori variabili (piogge, maturazione, lavorazione, ecc.);

- **Tonalità**: lo stato evolutivo, il tipo di sostanze coloranti (pigmenti), l'acidità, l'ossidazione;

- **Vivacità**: (colore acceso o spento), la salute dell'uva, le buone tecniche di lavorazione, una conveniente conservazione.

Il colore di un vino si valuta al centro del bicchiere mentre l'eventuale riflesso (tendenza) si riscontra sull'unghia, cioè sulla parte più stretta di liquido che si viene a formare una volta inclinato il bicchiere.

COLORE DEI VINI BIANCHI

Giallo verdolino. Tonalità giallo tenue con riflessi verdi che tendono a diminuire dopo il 1° anno di vita. Si riscontra in vini giovani e freschi ottenuti con vendemmia leggermente anticipata dove il rapporto acidità/morbidezza è decisamente a favore della prima.

- **Giallo paglierino.** Paragonabile al colore della paglia. Sono vini giovani ottenuti da uve in piena maturazione e presentano un rapporto equilibrato acidità/morbidezza.

- **Giallo dorato.** Ricorda il colore dell' oro giallo. Sono vini con il rapporto acidità/morbidezza a favore della seconda e sono ottenuti da uve leggermente sovramaturate o anche maturati in botte. Se poco vivace è indice di ossidazione.

- **Giallo ambrato.** Colore ambra o topazio. Sono vini con il rapporto acidità/morbidezza decisamente a favore di quest'ultima, si ottengono da uve con vendemmia ritardata trattata generalmente per la produzione di passiti o liquorosi.

COLORE DEI VINI ROSATI

- **Rosa tenue.** Colore dei petali di fiore di rosa omonima o di pesco. Se assume riflessi violacei il vino è giovane ed è stato ottenuto con macerazione limitata, se invece ha riflessi ramati le uve dovevano contenere poca materia colorante (es.: Pinot Grigio che oggi si lavora quasi esclusivamente in bianco).

- **Rosa cerasuolo.** Paragonabile ad alcune varietà di ciliegia. Le sfumature di questo vini vanno dal violaceo all'aranciato a seconda del grado di maturazione del prodotto.

- **Rosa chiaretto.** Tonalità simile ad un vino rosso rubino molto scarico (es.: Lago di Garda). Va dal violaceo del 1° anno all'aranciato dal 3° anno in poi.

COLORE DEI VINI ROSSI

- **Rosso porpora.** Tonalità rosso vivace con riflessi violacei. Sinonimo di vino molto giovane (es.: novello) ha un rapporto acidità/tannicità/morbidezza a favore dei primi due.

- **Rosso rubino.** Tonalità rossa che ricorda la pietra omonima. E' un vino giovane con un rapporto acidità/tannicità/morbidezza in equilibrio, pronto per essere consumato.

- **Rosso granato.** Ricorda il rosso del sangue. E' un vino con un rapporto acidità/tannicità/morbidezza leggermente a favore di quest'ultima.

- **Rosso aranciato.** Tonalità simile a quella dei mattoni, con riflessi dal bruno all'aranciato. Sono grandi vini rossi con lungo invecchiamento e un rapporto acidità/tannicità/morbidezza a favore di quest'ultima. Diviene sintomo di degradazione se presente in vini giovani.

3. CONSISTENZA

E' la consistenza che assume il vino (liquido) in presenza di determinati composti solidi.

Il vino è costituito di acqua (~85%), alcol (9÷13%) e altre materie (~3%). Una maggiore o minore presenza di tutte le sostanze (in particolare etanolo e glicerolo) farà in modo che queste scorrano le une sulle altre facendo assumere al prodotto un aspetto dal fluido al viscoso.

Questo esame si esegue per verificare che non esistano malattie (es.: filante) e che esista corrispondenza di tipologia.

Si determina in due fasi:

- osservando la mescita quando si versa il vino questo può scendere nel bicchiere in modo leggero oppure oleoso;

- osservando le lacrime e archetti tensionali inclinando il bicchiere di 45° oppure mescolando il vino si formano delle "lacrime" e dei conseguenti archetti, curvature più o meno regolari dovute alla presenza maggiore o minore di componenti alcolici.

L'alcol etilico, essendo un componente volatile, tende ad evaporare aumentando la densità del liquido che ricade sul fondo. Se il rapporto etanolo/glicerolo è a favore del primo si osservano archetti fitti, nel rapporto etanolo/glicerolo a favore del secondo gli archetti sono più ampi.

In base alle nostre osservazioni il vino si può definire:

- **Fluido:** carattere negativo, quando si versa scende nel bicchiere troppo leggero e scorrevole;

- **Poco consistente:** scorre leggero simile ad una bibita liscia; ha un rapporto

morbidezza/durezza a favore della seconda;

- **Abbastanza consistente:** scende con moderata scorrevolezza ed ha un rapporto morbidezza/durezza abbastanza in equilibrio;

- **Consistente:** scende in modo poco scorrevole a causa di un rapporto morbidezza/durezza a favore della prima. La conferma viene data da archetti fitti e regolari;

- **Viscoso:** scende in modo pesante e quasi sciropposo (es.: vini bianchi da dessert ottenuti da uve botritizzate).

4. EFFERVESCENZA

E' un effetto dovuto alla presenza di anidride carbonica (CO_2) che liberandosi nel vino forma le bollicine.
Il caratteristico "perlage" costituisce un aspetto positivo nei vini bianchi giovani per l'azione che svolge nei confronti dell'acidità, mentre diventa negativo se si forma dopo la fermentazione alcolica (es.: rossi non giovani).

I parametri di valutazione sono:
- **grana delle bollicine che può risultare:**
  - **Grossolana**, se ricordano l'acqua minerale;
  - **Abbastanza fine**, se di grandezza standard;
  - **Fine**, se sono simili a punte di spillo.

- **numero di bollicine che possono essere:**
  - **Scarse**, se quasi assenti;
  - **Abbastanza numerose**, se appaiono in modo discontinuo e sparso;
  - **Numerose**, se sono abbondanti.

- **persistenza delle bollicine che possono risultare:**
  - **Evanescenti**, se scompaiono subito;
  - **Abbastanza persistenti**, se scompaiono dopo alcuni minuti;
  - **Persistenti**, se continuano a formarsi velocemente anche dopo un lungo periodo trascorso nel bicchiere.

ESAME OLFATTIVO – INTRODUZIONE

La verifica olfattiva rappresenta la seconda fase dell'analisi sensoriale e serve per scoprire e descrivere il bagaglio odoroso del vino.

Questo momento è indispensabile per l'individuazione di possibili difetti dovuti ad agenti esterni al vino (muffa, tappo, feccia, SO2, ecc.) ma soprattutto per verificare la corrispondenza di tipologia (zona di produzione, vitigno, tipo di vino, età, ecc.).

L'OLFAZIONE - COME ARRIVANO I PROFUMI

I composti odorosi sono sostanze volatili che possiedono odore e hanno la capacità di evaporare formando i profumi del vino.
L'apparato nasale è l'insieme degli organi adibiti alla rilevazione dei diversi profumi. In particolare la mucosa olfattiva è uno strato cellulare provvisto di ciglia terminali le quali rilevano le sensazioni e le trasmettono ai centri olfattivi cerebrali.
Il naso ha una capacità sensoriale 10.000 volte superiore a quella del gusto.

L'olfatto è il nostro senso meccanico/chimico più impegnato: attraverso l'inalazione i composti odorosi arrivano alle mucose per essere identificati.

Esistono due canali principali:

- **la via nasale diretta**:
  - per diffusione, quando le particelle odorose si mescolano all'aria che attraverso il naso;
  - per correnti vortice, quando inspiriamo bruscamente e le particelle odorose si fissano alla mucosa olfattiva; questo è il metodo più efficace in fase di degustazione per raggiungere le
  fosse nasali;

- **la via retronasale**:
  - per convezione, deglutendo una quantità di liquido, esce aria calda spinta dalla faringe ed incontra aria fredda appena inalata; questa sensazione olfattiva si chiama **"aroma di bocca"** o "Persistenza Aromatica Intensa" (P.A.I.).

I PROFUMI

I profumi e/o aromi sono sprigionati da sostanze "volatili", cioè in grado di evaporare dalla parte liquida.
Le caratteristiche del vitigno, le fasi di lavorazione, la maturazione del vino sono i fattori che attribuiscono circa 200-220 composti odorosi appartenenti a diversi gruppi quali alcoli, acidi grassi, aldeidi, chetoni, esteri, eteri, terpeni e altri ancora...

Occorrerebbe essere in grado di riconoscere le varietà dei sentori e

Assovini

decifrarle non in base alla loro nomenclatura chimica bensì identificandoli con profumazioni presenti in natura (fiori, frutti, spezie, ecc.).

Il motivo per cui si traducono i nomi chimici è che questi risulterebbero estremamente complessi e meno gradevoli di espressioni familiari legati al mondo della natura. D'altra parte è facile capire come sia più apprezzabile utilizzare le espressioni "miele" e "rosa" anziché le definizioni "acido feniletilico" e "alcol feniletilico".

LA NATURA DEI PROFUMI

La combinazione di uve, fermentazione, maturazione dà le stesse combinazioni chimiche di altri elementi presenti in natura.

Il bagaglio odoroso del vino si può quindi far risalire a tre gruppi di profumi:

Profumi primari (aromi varietali). Questi profumi derivano direttamente dal vitigno, quindi da diverse varietà di uve definite aromatiche. La buccia (pericarpo) contiene sostanze le quali conferiscono aromi gradevoli che ricordano sentori di muschio, rosa, salvia, pesca, ecc.

Profumi secondari (aromi di fermentazione). Questi profumi derivano dalla fase di fermentazione e sono quelli prefermentativi che si formano già durante la pigiatura e postfermentativi quelli che si generano durante le fermentazioni alcolica e malolattica. Si possono attribuire alla presenza di alcoli, aldeidi, acidi grassi, ecc. che conferiscono sentori di fiori, frutta, vegetali in genere e vinosità (mosto, cantina, vinacce).

Profumi terziari (bouquet da invecchiamento). Si definiscono nel loro insieme bouquet e si formano durante l'invecchiamento a causa di processi ossidoriduttivi (arricchimento o impoverimento di ossigeno).

Altre reazioni chimiche da sottolineare sono:

· Acetalizzazione, acetali=alcol+aldeide
· Esterificazione, esteri=alcol+acido
· Eterificazione, eteri=2 alcoli
· Ossidazione di alcoli-tannini-acidi

I profumi sono una miscela armoniosa e completa di primari, secondari e terziari e sono legati all'ambiente pedoclimatico, al tipo di vitigno, alla tipologia del vino.

LE FAMIGLIE DEI PROFUMI

Dato il vasto numero di sentori riconoscibili si ritiene opportuno raggrupparli anche in famiglie.

AROMATICO – BALSAMICO. Anch'essi legati a vini importanti. Salvia, finocchio, alloro, timo, basilico, lavanda, origano, prezzemolo, maggiorana… e poi resine nobili, pino, incenso, ginepro, trementina.

FLOREALE. Molto presente nei vini giovani. I vini bianchi richiamano solitamente fiori bianchi, i vini rossi quelli rossi. Acacia, biancospino, rosa, iris, geranio, fiori d'arancio, caprifoglio, tiglio, violetta, narciso, gelsomino, ginestra.

FRUTTATO. Stesso discorso che per i fiori. Nei bianchi si ritrovano solitamente frutti a polpa bianca, in quelli rossi frutti a polpa rossa. Albicocca, ananas, banana, ciliegia, fragola, ribes, lampone, mora, mela cotogna, prugna, agrumi, frutti esotici.

FRUTTA SECCA E CONFETTURA. Solitamente riscontrabili nei vini più complessi. Fico secco, mandorla, nocciola, noce, noce di cocco, prugna secca, uva sultanina, confettura, frutta cotta.

VEGETALE ed ERBACEO. Più sono complessi più si riscontrano solitamente in vini importanti (per esempio funghi, tartufi...). Erba, felce, fieno tagliato, limoncello, foglia di pomodoro, salvia, foglie morte, mallo di noce, peperone verde, funghi, tartufi, muschio, humus.

MINERALE. E' riconducibile al territorio di provenienza del vino, al suo suolo e alle peculiarità dei vitigni presenti.

SPEZIATO. Tranne qualche eccezione, sono solitamente riscontrabili nei vini complessi. Anice, cannella, chiodo di garofano, liquirizia, noce moscata, zenzero, pepe, vaniglia, zafferano.

EMPIREUMATICO – TOSTATO. Dal greco empyreuma, empyreumatos, carbone ricoperto di cenere per accendere il fuoco. Sono particolari odori chimici solitamente legati all'affinamento in legno. Affumicato, bruciato, cotto e poi cacao, caffè, orzo tostato, cioccolato, caramello, mandorla tostata, goudron (catrame), pietra focaia.

ANIMALE. Se evidenti rappresentano un difetto, se ben equilibrati con gli altri sentori contraddistinguono la tipicità del vitigno. Pelliccia, cuoio, carne selvaggina, ecc.

LEGNOSO. Odori provenienti dal legno in cui il vino è stato conservato. Quercia, acacia, scatola di sigari.

AMPIO (ALTRI ALIMENTI E CHIMICI). Farina, crosta di pane, lieviti (riscontrabili spesso in vini rifermentati con lieviti selezionati come gli spumanti). Burro, formaggio (odore di latteria), miele, sidro, birra, tabacco, farina... Derivano dai composti chimici del vino come alcol, acetato di etile, anidride solforosa. Sono spesso dei difetti. Aceto, zolfo, medicinale, disinfettante, celluloide, plastica.

Assovini

ETEREO Derivano dalle fermentazioni e da alterazione delle fermentazioni. Sono solitamente sentori gradevoli. Smalto per unghie, caramella inglese, sapone, cera, ceralacca, latticini.

VALUTAZIONE OLFATTIVA: COME SI ESEGUE

Per eseguire in modo valido l'esame olfattivo si deve impugnare il bicchiere a pinza, sulla base o sul gambo, comunque lontano il più possibile dalla bocca per evitare che eventuali odori indesiderati della mano interferiscano con quelli del vino.

Si procede poi in tre fasi:

Fase 1. Si avvicina il bicchiere al naso e si inspira intensamente ad intervalli regolari, con le giuste pause, per evitare assuefazione ai profumi;

Fase 2. Si ruota lentamente il bicchiere creando l'"imbuto di vino" e facendo sprigionare le sostanze odorose, quindi si inspira intensamente; si ruota poi più intensamente il bicchiere e si inspira più volte ad intervalli regolari;

Fase 3. Si assaggia il vino deglutendo ed infine espirando si crea l'*"aroma di bocca"*, riportando alla mucosa olfattiva altri sentori liberati a causa della temperatura corporea (36-37°C).

VALUTAZIONE OLFATTIVA: COSA SI VALUTA

1. INTENSITA'. L'intensità di profumi e/o aromi è un aspetto olfattivo verticale poiché le sensazioni si sommano e si percepiscono contemporaneamente.

I livelli sono:

- **Carente,** pochissime sensazioni odorose;

- **Poco intenso,** scarse sensazioni odorose;

- **Abbastanza intenso,** sensazioni odorose discretamente percettibili;

- **Intenso,** sensazioni odorose decisamente percettibili;

- **Molto intenso,** sensazioni odorose particolarmente spiccate ed intense.

2. COMPLESSITA' La complessità degli aromi è un aspetto olfattivo orizzontale poiché le sensazioni si succedono senza sovrapporsi determinando una certa persistenza dei profumi.

I livelli sono:

- **Carente,** pochissima successione di profumi;

- **Poco complesso,** scarsa successione di profumi, dura pochi secondi;

- **Abbastanza complesso,** sufficiente successione di profumi;

- **Complesso,** durevole successione di profumi;

- **Ampio,** prolungata e complessa successione di profumi, dura anche minuti.

3. QUALITA'. E' un aspetto soggettivo della degustazione e rappresenta la sintesi di intensità e complessità. Il degustatore deve cercare di non farsi troppo influenzare dai propri gusti che prescindono dalla qualità oggettiva del prodotto.

I livelli sono:

- **Comune,** profumo scadente, privo di pregio;

- **Poco fine,** rasenta la mediocrità;

- **Abbastanza fine,** sufficientemente fine e gradevole;

- **Fine,** gradevole, distinto, franco, equilibrato;

- **Eccellente,** particolarmente gradevole, distinto, franco.

4. DESCRIZIONE DEL PROFUMO DEL VINO

Tramite il nostro olfatto possiamo fornire una descrizione qualitativa e quantitativa delle caratteristiche di un vino. Le definizioni sono:

- **Aromatico.** Riconduce alle componenti aromatiche del vitigno (Moscato, Malvasia, Gewurztraminer, Brachetto, ecc.).

- **Vinoso.** Si riscontra principalmente nei vini rossi giovani e ricorda i momenti della vinificazione (mosto, vinacce, cantina).

- **Floreale.** Nei vini bianchi giovani richiama sentori di fiori bianchi mentre nei vini rossi meno giovani richiama sentori di fiori rossi.

- **Fruttato.** Ricorda diverse varietà di frutta generalmente a polpa rossa per i vini rossi e a polpa bianca per quelli bianchi.

- **Fragrante.** È un profumo nettamente riconducibile alla tipologia del vino che ricorda generalmente sentori floreali e fruttati misti all'aroma della crosta di pane.

- **Erbaceo.** Rievoca sentori di vegetali verdi ed erba triturata.

- **Minerale.** Si riferisce a sensazioni odorose minerali e saline come la pietra focaia, idrocarburi, polvere da sparo, grafite, ardesia.

- **Speziato.** E' un profumo che si può ricondurre a sentori di spezie e si riscontra generalmente in vini rossi e bianchi maturati in botte e affinati in bottiglia.

- **Tostato.** Profumo che deriva dall'evoluzione dei vini, soprattutto dopo la maturazione in barrique nuove.

- **Etereo.** E' un profumo che rientra nel bouquet del vino, cioè derivante dalle diverse fasi di invecchiamento ampio E' un profumo che raccoglie diverse sensazioni, derivanti da aromi primari, secondari e terziari che si sono evoluti nel tempo.

TABELLA DI CORRISPONDENZA TRA TIPOLOGIE DI VINO ED AROMI

- **FIORI**
  - GINESTRA = *vini bianchi evoluti*
  - BIANCOSPINO = *sentore delicato*
  - VIOLETTA = *Barbaresco*

- **FRUTTA**
  - POMPELMO = *sauvignon blanc*
  - MELA VERDE = *sentore aspro, pungente*
  - SUSINA BIANCA = *sylvaner*
  - RIBES/CASSIS = *pinot nero, Cabernet Sauvignon*
  - ANANAS = *Chardonnay, vendemmia tardiva*
  - PERA = *Prosecco, Sauternes*
  - MORA = *Syrah, Dolcetto d'Alba*
  - FRAGOLA = *Barbaresco, Cannonau*
  - FRAGOLINA = *Vini novelli, pinot nero, cabernet franc, zinfandel*
  - CILIEGIA = *Chianti classico*
  - FRUTTI DI BOSCO = *teroldego*

- **FRUTTA SECCA**
  - MANDORLA = *cabernet sauvignon*

- **CONFETTURA**
  - MIELE DI ZAGARA = *vino agrumato evoluto*
  - MIELE = *Sauternes*

- **SPEZIE**
  - CARDAMOMO = *gaglioppo*
  - LIQUIRIZIA = *merlot, pinot nero*
  - VANIGLIA = *vini passati in barrique*
  - PEPE NERO = *syrah, cabernet franc, cabernet sauvignon, barolo, barbaresco*

- **TOSTATO**
  - FUME' = *Barolo, Brunello (dal terreno e non dal legno)*

- **ERBACEO / AROMATICO**

Assovini

- SALVIA = *sauvignon blanc*
- TIMO FRESCO = *sauvignon blanc*
- MUSCHIO = *pinot nero*
- SOTTOBOSCO = *pinot nero*
- PEPERONE GIALLO = *sauvignon blanc*
- PEPERONE VERDE = *cabernet franc*
- TARTUFO = *cabernet sauvignon, barolo, Brunello*
- FOGLIA POMODORO = *sauvignon blanc*

- **ETEREO**
  - SMALTO = *Lagrein*

ESAME GUSTO OLFATTIVO - INTRODUZIONE

Questa fase dell'analisi sensoriale rappresenta la verifica e la sintesi di quanto emerso prima con l'esame visivo e poi con quello olfattivo. I valori e le ipotesi appena fatte possono essere confermati o meno da questo ultimo atto della degustazione.

Il gusto è un senso molto meno complesso dell'olfatto, ci fornisce solamente sensazioni elementari:

SENSAZIONI SAPORIFERE

I sapori fondamentali sono 4:

- **dolcezza/morbidezza** (zucchero/alcool): è una sensazione piacevole determinata dalla presenza di residui zuccherini. E' percepita essenzialmente sulla punta della lingua;

- **acidità/durezza** poco piacevole, data dagli acidi presenti nel vino. Si percepisce sulle zone laterali anteriori della lingua. Gli acidi hanno la proprietà di provocare salivazione;

- **sapidità** è una sensazione leggerissima e piacevole dovuta alla presenza di sali minerali e si percepisce nelle zone laterali e dorsali della lingua;

- **amarezza** è una sensazione determinata dalla presenza di polifenoli, in particolare tannini (chinoni). Se troppo pronunciata può essere invece un'anomalia (difetto del vino).

SENSAZIONI TATTILI

- **Termica,** questa sensazione è legata alle temperature di servizio del vino perché alzandola e abbassandola variano le percezioni dei quattro sapori fondamentali. Dolcezza e morbidezza sono più percettibili all'aumento della temperatura mentre sapidità e amarezza lo sono con l'abbassamento della temperatura. L'acidità non viene direttamente influenzata dal variare della temperatura ma si può ad esempio attenuare innalzandola, aumentando così la dolcezza e la morbidezza pseudocalorica da non confondere con quella termica è una sensazione di calore, di bruciore, di disidratazione, dovuta alla presenza della componente alcolica (non è la gradazione alcolica).

- **Morbidezza,** è una sensazione tattile molto gradevole che rende il vino vellutato e avvolgente.

- **Astringenza,** è una sensazione di secchezza e rugosità dovuta alla presenza del tannino che reagisce con la mucina, una proteina della saliva, ed attenua la salivazione, in alcuni casi fino alla disidratazione. I tannini sono destinati nel tempo a decrescere perché con l'invecchiamento del vino precipitano.

- **Pungenza,** è una sensazione dovuta alla presenza di CO_2 ed è avvertibile come un pizzicore. E' una peculiarità dei vini frizzanti e degli spumanti.

- **Consistenza gustativa,** è una sensazione di pienezza che deriva da un liquido particolarmente ricco di estratti, capace di dare la percezione del tipo di sostanza di cui trattasi: (acquosa, fluida, viscosa, ecc.).

SENSAZIONI RETRONASALI (AROMA DI BOCCA).

Per convezione, deglutendo una quantità di liquido esce aria calda spinta dalla faringe ed incontra aria fredda appena inalata; questa sensazione gusto-olfattiva si chiama "**aroma di bocca**" o "Persistenza Aromatica Intensa" (P.A.I.).

LA LINGUA

E' l'organo del gusto. E' costituita da una massa muscolare che aiuta la masticazione ed è rivestita da una membrana caratterizzata da numerosissime (circa 3000) e minuscole protuberanze, le papille gustative, di varie forme e dimensioni. Queste comunicano al cervello la percezione e la sensazione dei diversi sapori, gradevoli o sgradevoli.

Le papille gustative distribuite nelle varie zone della lingua percepiscono così i quattro sapori fondamentali:

- **DOLCE:** si avverte sulla punta della lingua nella quale si trovano le papille fungiformi;

- **AMARO:** si avverte nella parte dorsale della lingua nella quale si trovano le papille caliciformi;

- **SALATO:** si avverte nelle zone laterali posteriori della lingua;

- **ACIDO:** si avverte nelle zone laterali anteriori della lingua.

Nella zona dorsale centrale sono presenti anche le papille filiformi che hanno la funzione tattile, cioè rilevano la diversa consistenza dei liquidi e dei solidi che si introducono in bocca.

VALUTAZIONE GUSTO OLFATTIVA: COME SI ESEGUE

- **Fase 1** Come prima cosa si deve "avvinare" la bocca, si introduce cioè una piccola quantità di liquido per preparare la cavità orale.

- **Fase 2**. a questo punto si procede con la degustazione introducendo altro vino.

- **Fase 3**, si porta questo vino nella parte anteriore della bocca e si inspira leggermente in modo da amplificare le sensazioni gustative.

- **Fase 4**, si muove il vino con la lingua e si espira lentamente. Il vino andrà a lambire tutta la cavità orale permettendoci di valutare l'equilibrio dei diversi componenti: zuccheri, alcoli, acidi, tannini;
  si deglutisce il vino e si espira masticando a bocca vuota. Si crea l'aroma di bocca e si valuta la Persistenza Aromatica Intensa sia olfattiva che gustativa.

VALUTAZIONE GUSTATIVA: COSA SI VALUTA

1. MORBIDEZZA

a. ZUCCHERI. Sono presenti nell'uva e dopo la fermentazione alcolica resistono in minima percentuale sotto forma di residui zuccherini. Se non vengono completamente trasformati si parla di vino dolce.

In base alla quantità di zuccheri ed alla percezione di dolcezza i livelli possono essere:

- **Secco,** nessuna sensazione di dolcezza, leggera morbidezza.

- **Abboccato,** leggerissima sensazione di dolcezza.

- **Amabile,** chiara sensazione di dolcezza.

- **Dolce,** predominante sensazione di dolcezza (es.: Brachetto d'Acqui, vini passiti, liquorosi).

- **Stucchevole,** sensazione di dolcezza troppo forte tale da non far percepire gli altri caratteri. Da giudicare negativamente.

b. ALCOLI. Gli alcoli presenti nel vino si sono formati durante la fermentazione. Quello più importante è l'alcool etilico la cui percentuale volumetrica esprime la gradazione alcolica del vino.
La componente alcolica conferisce al vino il carattere della morbidezza e allo stesso tempo smussa le componenti di durezza e astringenza dei tannini e quelle di freschezza degli acidi.
La sensazione percepita è quella pseudocalorica, dovuta alla capacità di disidratazione e vasodilatatoria dell'alcol etilico.

In base a questa percezione le definizioni sono:

- **Leggero** nessuna sensazione pseudocalorica (<=4-4,5° o 6-7° per Brachetto).

- **Poco caldo** modesta sensazione pseudocalorica (10-11°, sensazione fresco/tannica).

- **Abbastanza caldo** netta sensazione psudocalorica (11-12°, equilibrio con altre componenti).

- **Caldo** decisa sensazione pseudocalorica (12-13,5°, può coprire gli altri caratteri).

- **Alcolico** predominante sensazione pseudocalorica (15-18°, generalmente vini liquorosi).

C. POLIALCOLI. Durante la fermentazione si formano anche i polialcoli che attenuano gli altri caratteri e danno una sensazione di morbidezza. Il più importante tra questi è la glicerina, incolore e quasi insapore, la quale, se presente in elevate quantità, dà una certa rotondità di gusto favorendo la formazione di lacrime intense ed archetti ampi.

In base a questa percezione le definizioni sono:

- **Spigoloso** netta mancanza di morbidezza, è un difetto.

- **Poco morbido** scarsa sensazione di morbidezza, vini giovani.

- **Abbastanza morbido** piacevole sensazione di morbidezza, vini giovani, pronti, di struttura.

- **Morbido** decisa sensazione di morbidezza, vini strutturati e maturi.

- **Pastoso** predominante sensazione di morbidezza (prerogativa dei vini bianchi da dessert).

2. DUREZZA

a. ACIDI. Gli acidi sono i componenti fondamentali che conferiscono la sensazione di freschezza. Si riassumono in:

- **organici prefermentativi** (fissi tartarico, malico, citrico) e postfermentativi (fissi lattico, succinico; volatili acetico, propionico;
- **inorganici postfermentativi** e sali solforico, fosforico, cloridrico.

Assovini.it

La forza acida è data dal pH (quello del vino va generalmente da 3,1 a 3,7). La forza di penetrazione è quella che gli acidi possiedono nei confronti delle papille gustative.

In base a questa percezione il vino si definisce:

- **Piatto** carente di acidità (vino malato o vecchio).

- **Poco fresco** scarsa sensazione di acidità (vino maturo).

- **Abbastanza fresco** discreta sensazione di acidità, procura una buona salivazione (vini rossi giovani, bianchi e rosati più evoluti).

- **Fresco,** decisa sensazione di acidità, procura un'abbondante salivazione (bianchi e rosati frizzanti, spumanti).

- **Acidulo,** predominante sensazione di acidità (vini immaturi).

b. TANNINI. I tannini presenti nel vino derivano principalmente dall'uva (catechici) e sono rilasciati dalla buccia e dai vinaccioli. Per questa ragione nei bianchi la loro quantità e trascurabile in quanto la vinificazione si esegue senza la macerazione sulle vinacce.
Si parla in minima parte anche di tannini verdi, cioé quelli amari che vengono rilasciati dai residui dei raspi.
Altra categoria di tannini sono quelli gallici, ovvero l'insieme di polifenoli rilasciati dai contenitori dove avviene l'invecchiamento del vino (botti, barrique, tini, ecc.).
Mentre i tannini vegetali conferiscono una sensazione tattile astringente, quelli nobili riducono questa percezione. In buona sostanza con l'invecchiamento il carattere di tannicità va diminuendo.

In base alla percezione di questo carattere il vino si può definire:

- **Molle,** minima presenza di componenti tannici, vino vecchio o alterato.

- **Poco tannico,** leggerissima sensazione astringente/tannica, normalmente sono vini novelli, chiaretti o rossi invecchiati.

- **Abbastanza tannico,** sufficiente sensazione astringente/tannica, vini rossi di media/grande struttura.

- **Tannico,** netta sensazione astringente/tannica, vini rossi giovani.

- **Astringente,** predominante sensazione astringente/tannica, con mancata secrezione salivare. Eccessivo tannino, anomalia nel gusto.

C. SALI MINERALI. La sapidità di un vino è una microsensazione che mitiga l'acidità, la quale al contrario è una macrosensazione.
Le sostanze minerali sono presenti per diversi fattori quali l'ambiente pedoclimatico, la lavorazione, l'invecchiamento, e nella loro globalità si definiscono "ceneri" ed "estratto secco". In laboratorio le ceneri sono la consistenza del vino, cioé quanto resta del vino

evaporato a 550°C, mentre l'estratto secco rappresenta tutte le sostanze residue dopo l'evaporazione di 100 gr. di vino.

In base alla sua sapidità un vino si definisce:

- **Scipito,** privo di sensazioni minerali, normalmente sono vini vecchi oppure ottenuti da uve scadenti.

- **Poco sapido,** scarse sensazioni minerali, bassa percentuale di sostanze.

- **Abbastanza sapido,** equilibrata sensazione fresco/sapida, normale percentuale di sostanze.

- **Sapido,** piacevole sensazione salina, vini ottenuti da uve di zone calde.

- **Salato,** predominante sensazione salina, vini di zone salmastre (es: alcuni vini portoghesi).

3. STRUTTURA O CORPO DEL VINO

Il compendio di tutti i componenti non volatili (acidi fissi, zuccheri, polifenoli, sali, glicerina, ecc.) determina l'estratto secco stabilendo il corpo del vino.
La presenza di estratto secco (vino-acqua-alcoli-componenti volatili) è minore nei vini bianchi e maggiore in quelli rossi.
Descrivendo il corpo del vino è comodo fare riferimento alla struttura del corpo umano.

Le definizioni sono:

- *Magro*, struttura anomala e insufficiente, vini ottenuti da lavorazioni errate o da uve danneggiate.

- *Debole*, modesta struttura, vini da bere giovani.

- *Di corpo*, buona struttura, vini ottenuti in sintonia con la tipologia di uve e loro grado di maturazione.

- *Robusto*, ben strutturato ed equilibrato, grandi vini o vini particolari.

- *Pesante*, eccessiva struttura, vini con errata lavorazione oppure che ancora necessitano di invecchiamento.

Assovini

4.1 EQUILIBRIO GUSTATIVO

L'equilibrio gustativo è dato dal peso di due componenti del vino:

- **Durezza** (tannini, acidi, sali).
- **Morbidezza** (zuccheri, alcoli, polialcoli).

In base all'equilibrio gustativo un vino si definisce:

- *Poco equilibrato,* se una delle 2 sensazioni prevale decisamente sull'altra.

- *Abbatanza equilibrato,* se una delle 2 sensazioni prevale non decisamente sull'altra.

- *Equilibrato,* se sussiste la giusta proporzione tra le 2 sensazioni, compatibilmente con la tipologia del vino.

4.2 INTENSITA' GUSTO OLFATTIVA

E' data dall'insieme di sensazioni saporifere e tattili che si sono stratificate.

I livelli sono:

- *Carente,* scarsissime sensazioni gustative e gusto/olfattive.

- *Poco intenso,* ridotte sensazioni gustative e gusto/olfattive.

- **Abbastanza intenso,** equilibrate sensazioni gustative e gusto/olfattive.

- **Intenso,** buone sensazioni gustative e gusto/olfattive.

- **Molto intenso,** profonde sensazioni gustative e gusto/olfattive.

4.3 PERSISTENZA GUSTATIVA

Prerogativa dei grandi vini, la persistenza gusto-olfattiva è la permanenza delle sensazioni dopo la deglutizione.

Il vino si dice:

- *Corto,* percezione < 2 secondi.

- *Poco persistente,* percezione da 2 a 4 secondi.

- *Abbastanza persistente,* percezione da 4 a 6 secondi.

Assovini

- **Persistente,** percezione da 6 ad 8 secondi.

- **Molto persistente,** percezione > 8 secondi.

4.4 QUALITA' GUSTATIVA

E' la sintesi di intensità e persistenza gustativa. L'aroma di bocca e le sensazioni finali sono importanti per valutare la gradevolezza del vino (es.: piacevolmente fresco per i bianchi giovani, asciutto e amarognolo per i rossi).

I valori sono:

- **Comune,** vino scadente.

- **Poco fine,** vino mediocre, gusto nella norma.

- **Abbastanza fine,** sufficientemente fine, gusto gradevole.

- **Fine,** vino buono, equilibrato, gusto elegante.

- **Eccellente,** vino distinto, gusto ricco e complesso.

CONSIDERAZIONI FINALI

Una volta completate le tre fasi dell'analisi sensoriale (visiva, olfattiva, gustativa) si possono trarre le conclusioni finali riguardanti gli ultimi due aspetti.

STATO EVOLUTIVO

Il campione del vino preso in esame, a seconda della sua età, può presentare diverse tonalità e varie sensazioni gusto/olfattive. Le nostre valutazioni devono tenere conto del fatto che alcuni vini raggiungono l'espressione di massima qualità solo con la maturazione mentre altri fanno altrettanto se si mantengono giovani.

In base allo stato evolutivo si usano queste definizioni:

- *Immaturo,* diverse situazioni anomale, ancora deve maturare/affinare.

- *Giovane,* situazioni non equilibrate ma gradevoli, può potenzialmente migliorare con maturazione/affinamento.

- *Pronto,* ancora in evoluzione ma apprezzabile (maggior parte dei vini in commercio).

- *Maturo,* armonia ottimale, massimo grado di apprezzamento.

- *Vecchio,* cedimento delle caratteristiche (variazione di colore, riduzione/alterazione degli aromi, appiattimento del gusto).

ARMONIA COMPLESSIVA

Le caratteristiche osservate durante l'analisi sensoriale devono contribuire o determinare un equilibrio armonioso del vino.

Le definizioni sono:

- **Poco armonico,** netta discrepanza tra le componenti responsabili delle caratteristiche organolettiche.

- **Abbastanza armonico,** leggera imperfezione in 1 o più componenti responsabili delle caratteristiche organolettiche.

- **Armonico,** perfetta combinazione delle componenti responsabili delle caratteristiche organolettiche.

SENTORI OLFATTIVI DEL VINO

Il profumo di un vino in genere è dato dal risultato di una loro combinazione che dovrà risultare piacevole e armoniosa. I sentori di freschezza sono maggiormente percepibili nei vini giovani, mentre nei vini più evoluti prevalgono i sentori della longevità.

- **Vino Bianco giovane**
  - fiori freschi bianchi e gialli
  - frutta a polpa bianca
  - erbe aromatiche
  - sentori vegetali
  - sentori minerali

- **Vino Bianco evoluto**
  - fiori gialli
  - frutta matura esotica e a polpa gialla
  - confetture di frutta a polpa bianca e gialla
  - frutta candita e secca
  - spezie e sentori tostati

- **Vino Rosso giovane**
  - fiori freschi rossi e viola
  - frutti a bacca ross e nera
  - sentori vegetali
  - sentori minerali

- **Vino Rosso evoluto**
  - fiori rossi e viola appassiti
  - confetture di frutta a bacca rossa e nera
  - frutta secca
  - spezie
  - sentori tostati
  - sentori animali
  - sentori eterei

Assovini

TEMPERATURE DI SERVIZIO DEL VINO

- Spumanti secchi **4-6 °C**
- Spumanti dolci e vini frizzanti **6-8 °C**
- Vini bianchi giovani e vini rosati **8-10 °C**
- Vini bianchi strutturati ed evoluti, passiti e liquorosi bianchi **10-12 °C**
- Vini rosati strutturati, vini rossi delicati e poco tannici **12-14 °C**
- Vini rossi di media struttura e tannicità, passiti e liquorosi rossi **14-16 °C**
- Vini rossi evoluti, di grande struttura e tannicità **16-18 °C**

ESEMPI DI DEGUSTAZIONE DEL VINO

Denominazione: Cannonau Rosso Riserva
Tipo di vino: Rosso
Regione: Sardegna
Degustazione: Il Cannonau riserva è un vino dal colore rosso rubino tendente al granato con l'invecchiamento; ha un profumo floreale di rosa o petalo secco, fruttato da frutta matura (confettura e prugna secca), con un fondo speziato (chiodi di garofano e cannella- vaniglia) e vegetale da balsamico (mentolato- eucaliptolo); il gusto è caratteristico, secco, sapido, pieno, molto caldo, morbido, retrogusto amarognolo, leggermente tannico.

Denominazione: Verdicchio dei Castelli di Jesi
Tipologia: Bianco
Regione: Marche
Degustazione: Il Verdicchio è un vino strutturato, corposo ed elegante; si presenta di un giallo paglierino con evidenti riflessi verdolini che ne evidenziano fragranza, vivacità ed una notevole freschezza. Decisi i profumi di biancospino e dei fiori di campo mentre al palato si percepisce frutta fresca di pesca, mela con lievi note agrumate e restrogusto di mandorla amara.

Denominazione: Lago di Caldaro
Tipologia: Rosso
Regione: Trentino Alto Adige
Degustazione: Il Lago di Caldaro è un vino dal colore rosso caratterizzato da aromi fruttati con sentori di ciliegia, lampone, mandorla amara e violetta. È un vino secco, strutturato con tannini morbidi e un grado di acidità gradevole. Stimolante e dalla beva facile, si presta per essere bevuto in tutte le occasioni.

Assovini .it

Denominazione: Prosecco
Tipologia: Bianco Spumante

Regione: Veneto
Degustazione: Il Prosecco spumante è un vino secco dal colore giallo paglierino brillante con perlage fine, in equilibrio con la persistenza della spuma.
All'olfatto il vino è caratterizzato da spiccate note floreali (fiori bianchi) e fruttate (mela, pera, frutta esotica e agrumi) che esprimono eleganza e finezza. Al gusto, presenta in equilibrio con le componenti dure e morbide, che unite alla sapidità conferiscono note di freschezza, morbidezza e vivacità al palato.

Denominazione: Rosso di Montalcino
Tipo di vino: Rosso
Regione: Toscana
Degustazione: Il Rosso di Montalcino è un vino visivamente limpido, brillante, di colore rosso rubino intenso. Ha profumo caratteristico ed intenso e sapore asciutto, caldo e gradevolmente tannico.

Assovini